ALEJO

Amigos en Madrid

Edi numen

© Editorial Edinumen, 2008
© Flavia Puppo

ISBN Lectura: 978-84-9848-174-7
ISBN Lectura con CD: 978-84-9848-171-6
Depósito Legal: M-877-2010
Impreso en España
Printed in Spain

Coordinación pedagógica:
María José Gelabert

Coordinación editorial:
Mar Menéndez

Diseño de portada:
Carlos Casado
Diseño y maquetación:
Carlos Casado
Ilustraciones:
Olga Carmona y Carlos Casado
Fotografías:
Archivo Edinumen
Impresión:
Gráficas Glodami. Coslada (Madrid)

Editorial Edinumen
José Celestino Mutis, 4. 28028 - Madrid
Teléfono: 91 308 51 42
Fax: 91 319 93 09
e-mail: edinumen@edinumen.es
www.edinumen.es

En la grabación de la lectura se han eliminado algunas acotaciones de los diálogos para conservar la naturalidad de los mismos.

Índice

Contenido	Página

1. Fíjate en estas fotografías, ¿a qué ciudad pertenecen?

a. Madrid (España)   **b.** Buenos Aires (Argentina)

2. Marca con una cruz la opción correcta.

1. La capital de España es

a. Barcelona.   b. Madrid.   c. Bilbao.

2. Madrid está

a. en la costa.   b. en el sur de España.
c. en el centro de España.

3. Argentina está en

a. Europa.   b. Sudamérica.   c. Centroamérica.

4. La capital de Argentina es

a. Buenos Aires.   b. Río de Janeiro.   c. Lima.

5. La Costa Brava está

a. en el sur de España.   b. en el norte de España.
c. en el este de España.

3. Asocia los elementos de la primera columna con los de la segunda.

1. ir
2. jugar
3. estudiar
4. vivir
5. ser
6. llamar

a. alto
b. mucho
c. al tenis
d. por teléfono
e. a la escuela
f. en Madrid

4. Completa el árbol genealógico de Carmen.

Hola, me llamo Carmen y tengo una hermana que se llama Raquel. Mis padres se llaman Nuria y Francisco. Mi padre tiene dos hermanos, Juan y Roberto. Juan está casado con Cristina y tienen dos niñas: Mariana y Andrea. Mi madre es hija única.

Ángel y Aurora son los padres de mi madre, y Antonio es mi abuelo paterno.

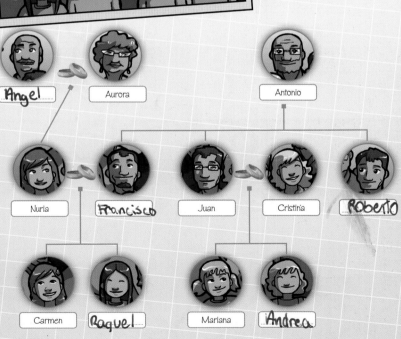

| Ángel | Aurora | | Antonio |

| Nuria | Francisco | Juan | Cristina | Roberto |

| Carmen | Raquel | Mariana | Andrea |

5. Lee la presentación que Carmen hace de su familia y di si es verdadero (V) o falso (F).

	Verdadero	Falso
a. Raquel y Cristina son hermanas.	☐	☑
b. Ángel es el suegro de Nuria.	☐	☑
c. Roberto es tío de Carmen.	☑	☐
d. Mariana, Andrea y Raquel son primas.	☒	☑
e. Antonio es el padre de Nuria.	☐	☑

6. Sopa de letras. Encuentra los nombres de seis medios de transporte. Pueden aparecer en todas las direcciones.

T	A	L	S	V	X	B	M	P	E	I	S
R	T	A	C	N	B	Z	O	Í	O	Q	U
S	P	A	Ñ	L	A	E	T	D	R	G	H
B	E	O	U	A	R	E	R	Y	T	O	L
C	I	N	S	T	C	O	C	H	E	D	X
R	M	A	S	R	O	M	O	P	M	J	L
Q	U	I	S	E	U	B	C	M	X	C	L
A	V	I	Ó	N	U	T	Ú	O	P	Y	C
A	S	D	E	T	A	I	B	S	I	P	V
N	C	X	R	I	D	F	G	E	L	I	X

Capítulo 1

Alejo se despierta de la siesta, enciende el ordenador, conecta su cámara y mira con nostalgia las fotos de sus vacaciones. Sus abuelos tienen una pequeña casa en un pueblo de la Costa Brava y ha pasado tres semanas maravillosas: sol, playa, helados y amigos nuevos. Ha conocido a Fernando, un chico muy simpático que casualmente vive en Madrid y va a ir a la misma escuela que él. Este año para Alejo todo es nuevo: casa, escuela y familia. Empieza el primer año de la ESO y se siente un niño mayor. Está un poco nervioso, pero tiene un amigo nuevo y la idea de sentarse con él lo tranquiliza.

Ahora vive en el barrio de Argüelles, en la calle Andrés Mellado, en Madrid, en el magnífico piso de sus abuelos. Tiene una habitación enorme y una terraza con muchas plantas. Elsa, su madre, es arquitecta y han pasado el verano haciendo obras. El piso de sus abuelos es muy grande y ellos no necesitan tanto espacio.

—Elsa, hija, ahora que te casas, puedes quedarte tú con el piso.

—No, mamá. Vamos a cambiarlo. Lo dividimos en dos: vosotros os quedáis aquí.

Alejo se siente muy bien con sus abuelos.

El resultado es estupendo: los abuelos viven en la puerta de al lado, en una casa más pequeña, y tienen menos trabajo. Elsa, Julián y Alejo ocupan ahora 150 metros cuadrados, cerca del parque del Oeste. Julián es el nuevo marido de la madre de Alejo. Él también es arquitecto. Es argentino y tiene dos hijas gemelas que viven en Buenos Aires, con su madre. Se llaman Ángela y Roberta. Alejo no las conoce, pero ha visto fotos. Tienen casi su misma edad: doce años.

Alejo mira a su alrededor: su habitación está llena de cajas de cartón y sus cosas están dentro.

Va un momento a la cocina para beber un vaso de agua. Pasa por el salón. Elsa está hablando con los pintores.

–Sí, mañana terminamos –dice uno.

"¡Qué suerte!", piensa Alejo, que se levanta todos los días muy pronto porque hay obreros trabajando y hacen mucho ruido.

–Ale –le dice su madre– ha llegado una carta de la biblioteca. Tu carné caduca en pocos días. Mañana te acompaño a renovarlo.

Alejo vuelve a su habitación y busca el carné de la biblioteca. Abre todas las cajas de cartón, pero en medio de tanto desorden, no encuentra nada. Saca papeles, cuadernos, carpetas, bolígrafos, lápices de colores, agendas. Nada. El carné no está. Se sienta en la cama y piensa un momento dónde puede estar.

Mira su escritorio y ve que debajo del ordenador hay un papel blanco. Lo coge y sonríe aliviado. ¡Ahí está el carné!

Lo abre y mira la foto: es un niño delgado, de pelo castaño y liso, ojos marrones y gafas. Es él, pero ahora está más alto, más fuerte y más moreno. Lee el carné:

Bibliotecas de Madrid

NOMBRE: Alejo
APELLIDOS: Bravo Sánchez
LUGAR Y FECHA DE NACIMIENTO: Madrid, 4 de octubre de 1996.
EDAD: 11 años
DIRECCIÓN: C/ de la Luna, 9 – Madrid
TELÉFONO: 91 454 67 89
MÓVIL: -
FECHA DE VENCIMIENTO: 15 de septiembre.

Mira la foto y piensa que este año ya no va a salir con gafas. Su madre va a comprarle lentillas porque es mayor y responsable. "¡Qué bien jugar al fútbol sin gafas!", piensa. Además tiene que cambiar la dirección y el teléfono.

Alejo guarda el carné en su mochila porque no quiere perderlo otra vez.

En su habitación hay olor a pintura. Su madre entra en la habitación:

—Cariño, ¿te abro la ventana?

—Sí, gracias.

—¿Te ayudo?

—No, gracias, mamá. Quiero hacerlo yo solo.

—A las 7 pasa tu padre a recogerte.

—Vale.

Alejo mira el reloj. Son las 5 de la tarde y tiene dos horas para ordenar su biblioteca. Ahora tiene mucho espacio. Abre la primera caja y saca sus libros preferidos: los siete tomos de Harry Potter. A Alejo le gusta mucho leer y en media hora tiene gran parte de la librería llena. Con la ropa es un desastre, pero con lós libros, no.

Capítulo 2

Suena el timbre en la calle Andrés Mellado. Es Ramón, el padre de Alejo.

Es periodista y escritor y vive con Oriana, su mujer. Oriana tiene dos hijos gemelos, Pablo y Juan Carlos. Son muy simpáticos y tienen trece años, uno más que Alejo. Son muy morenos y tienen el pelo rizado. Son tan idénticos que muchas veces la gente los confunde. Los gemelos no son muy buenos alumnos, pero son excelentes deportistas. Juegan al tenis y su profesor dice que pronto pueden empezar a competir en torneos.

–Hola, soy Ramón.

–Adelante –dice Elsa.

Ramón y los gemelos suben al sexto piso, saludan a Elsa y a Alejo.

–¿Queréis ver la casa? –propone Alejo.

–¡Claro!

Alejo les muestra su habitación nueva.

–¡Qué bonita! –exclaman todos.

–¡Cuántos libros! –dice Pablo que solo lee tebeos.

–Bueno, ¡la casa os ha quedado fenomenal! ¡Qué cambio! –dice Ramón.

–Gracias –responde Elsa.

En ese momento suena el teléfono y Elsa aprovecha para marcharse:

–Perdonad –dice–. Coge el teléfono.

–¿Diga?

—Hola, ¿puedo hablar con Alejo?

—¿De parte de quién?

—Soy Fernando.

—Sí, un momentito que ya se pone.

Tapa el auricular con la mano y dice con voz fuerte:

—¡Alejo, atiende el teléfono!

—Cada día estás más argentina —le comenta Ramón a Elsa, sonriendo.

—¿Por qué?

—Por lo de "atiende el teléfono". Bueno, niños, ¿nos vamos?

Pablo y Juan Carlos asienten.

—¿Puede venir Fernando con nosotros, papá? —pregunta Alejo gritando.

—Claro.

—Vale.

Cuando Alejo termina de hablar por teléfono, coge su mochila para marcharse.

Todos se despiden de Elsa en la puerta.

—Bueno, adiós. ¡Y enhorabuena por la casa! —dice Ramón.

—Gracias —responde Elsa. Luego, cierra la puerta.

Ramón, Alejo y los gemelos pasan a buscar a Fernando.

—Papá, este es Fernando.

—Hola.

—Hola.

Ramón le pasa la mano por la cabeza.

—¿Vamos a tomar un helado? — propone Alejo.

—Hijo, son casi las 8. Después no vas a cenar.

Los niños ponen cara de desilusión.

—¿Y Oriana?

—Viene directamente al restaurante.

—¡Qué bien! —gritan todos, pensando que van a poder elegir el menú.

—Vamos a Casa Mingo —anuncia Ramón.

Los chicos están muy contentos. Casa Mingo es un restaurante asturiano donde se come pollo asado, ensalada, queso cabrales y los mayores toman sidra. Es un sitio muy pintoresco y a los chicos les encanta.

A las 9 se reúnen con Oriana. Como siempre hay una fila enorme y solo les dan una mesa a las nueve y media.

–Fernando, ¿tienes hermanos? –pregunta Oriana, mientras muerde una pata de pollo.

–Sí, una hermana. Se llama María José y tiene una año menos que yo –contesta Fernando.

Alejo se pone colorado. María José le parece una niña presumida y vanidosa, pero muy guapa. Ella también va a la misma escuela, pero no a la ESO, sino al último año de primaria.

–La semana próxima empieza la escuela –dice Oriana.

–Sí –responde Pablo–. Y también entrenamiento...

–Tú solo piensas en el tenis, pero este año, si no sacáis buenas notas, nada de entrenamiento –dice Oriana con tono de amenaza.

–Entendido –responde Juan Carlos resignado.

Alejo, en cambio, ha sido siempre buen alumno, pero este año es diferente.

–¿Cómo es estar en la ESO? –pregunta Alejo a los gemelos.

–Igual, solo que hay más profes –dice Pablo.

–Uno para cada asignatura –continúa Juan Carlos.

Alejo y Fernando se miran con cara de susto.

Capítulo 3

A lejo, Fernando y los gemelos empiezan el instituto. Alejo y Fernando se sientan juntos en clase, pero en los recreos se reúnen con Pablo y Juan Carlos, que están en segundo año. Se llevan muy bien y se divierten juntos. Salen a la misma hora y regresan a casa andando.

Alejo escribe en su diario:

Querido diario:

La semana ha ido bastante bien. La profe de Matemáticas es un poco antipática, pero la de Lengua es guapísima y muy joven. Fernando prefiere la de Ciencias Naturales y dice que explica muy bien. Tenemos amigos nuevos que son muy majos, sobre todo Lorenzo y Martín. Martín es argentino y es su segundo año en España. Es un genio en Informática e Internet no tiene secretos para él. Lorenzo es colombiano y le gusta la música. Quiere tener un grupo de rock. Tenemos también dos compañeros peruanos, uno ecuatoriano y una chica uruguaya. ¡Qué mezcla!

Las niñas son un poco tontas: hablan todo el tiempo de ropa y de chicos, pero de los más mayores.

Fernando, Lorenzo, Martín y yo estudiamos juntos muchas tardes. Cuando terminamos los deberes, salimos con las bicicletas a dar vueltas por el parque. Los gemelos vienen también con nosotros, cuando no tienen entrenamiento.

Los días se van haciendo cada vez más cortos y se nota la llegada del otoño. Los árboles del parque empiezan a perder las hojas y hace cada vez más frío. Además la noche llega antes, hacia las cinco y media de la tarde y cada vez tienen menos tiempo libre para salir a pasear en bici.

Muchas veces se reúnen a estudiar en casa de Fernando. Sus padres son muy amables con los amigos de su hijo y toman unas meriendas con muchos dulces y pasteles.

Llega el 4 de octubre, el cumpleaños de Alejo. Se levanta muy pronto, con una especie de agitación y de nerviosismo. Su madre ha sugerido hacer una merienda en casa para celebrar el cumpleaños e invitar a sus amigos. Después del insti sus amigos van a su casa. Elsa prepara un enorme pastel de chocolate con doce velitas.

Alejo sale rápido de la escuela. Tiene que preparar todo.

–Adiós, nos vemos en casa –dice.

–Hasta luego –contesta Fernando.

–Nos vemos más tarde –responden los gemelos.

–Chau –se despide Martín.

A las cinco de la tarde empieza a sonar el timbre. Alejo se ha quitado las gafas y se ha puesto las lentillas que le ha comprado su madre. Está muy guapo y parece mayor.

Sus amigos van llegando poco a poco: Martín le regala un videojuego muy chulo, Lorenzo, un CD. Fernando es el último, pero no llega solo. Ha venido con María José.

—Lo siento —se disculpa—. Mis padres no están y ella no quiere quedarse sola...

—Adelante —dice Alejo, colorado como un tomate.

—Te he comprado un regalo. ¡Feliz cumpleaños! —dice ella y le da dos besos.

Alejo siente que el calor le quema la cara.

—Gracias. ¡Adelante! —responde.

Alejo deja pasar a sus amigos.

—¿Soy la única niña? —pregunta María José al ver que todos los chicos la miran.

—Sí, y estamos muy contentos —se apresura a decir Martín, sin ponerse colorado.

Todos lo miran y sonríen.

—¿Qué pasa, chicos? —continúa Martín—. ¡Las chicas también juegan!

—Sí, pero a otras cosas —responde Fernando enfadado con su hermana.

—Vos, jugás conmigo —le dice Martín a María José.

Ahora es ella quien se pone colorada como un tomate.

Se nota que Martín tiene tres hermanas.

Capítulo 4

Cada dos fines de semana Alejo va con su padre, Oriana y los gemelos a la casa de la sierra donde hace mucho más frío. A veces invita a Fernando. La casa de la sierra es muy bonita y a Alejo le encanta compartir habitación con Juan Carlos y Pablo. Conversan hasta tarde y los domingos salen siempre a comer fuera. Van a un sitio en la montaña, no muy lejos del pueblo, donde se come una carne muy buena. A las cuatro terminan de comer.

–Volvemos andando –dice Juan Carlos.

–De acuerdo –responde Ramón–. Pero queremos salir para Madrid en una hora, porque luego hay mucho tráfico y queremos evitar atascos.

–Vale, de acuerdo –contesta Alejo.

Este fin de semana está también Fernando. Los cuatro chicos regresan dando un paseo por el bosque. De repente escuchan un gemido.

–Un momento –dice Fernando.

–¿Qué pasa? –pregunta Alejo.

–He oído un ruido. Silencio –sugiere Fernando, con el dedo índice en la boca.

Todos escuchan un gemido que viene del bosque.

–Viene de allí –dice Juan Carlos.

–Es un poco tarde –dice Alejo mirando el reloj que marca las cuatro y media.

Los tres lo miran.

–Vamos a ver qué es –propone Fernando.

Los cuatro chicos se internan en el bosque, siguiendo la dirección del gemido.

Llegan a un árbol y escuchan claramente un maullido. Contra el tronco hay una caja de cartón y dentro un gato pequeñito, que no tiene más de diez días.

–¡Qué bonito! –exclama Pablo.

–¡Tiene hambre! –dice Fernando.

–¡Tiene sed! –comenta Alejo.

–¡Nos lo llevamos! – propone Juan Carlos cogiéndolo en sus brazos.

El gatito se calma. Alejo mira el reloj, preocupado. Son casi las cinco de la tarde y es casi de noche.

–Mirad –grita Alejo.

Los cuatro levantan la vista hacia el cielo, cubierto de enormes nubes negras.

–Me parece que va a llover –dice tímidamente Fernando.

–No creo –comenta Juan Carlos–. El gatito empieza a maullar.

El cielo se oscurece aún más y empieza a soplar un fuerte viento. Pocos minutos más tarde estalla una tormenta: truenos, relámpagos y lluvia que en pocos minutos se convierte en granizo.

–Por aquí, seguidme – grita Pablo.

Los gemelos conocen el bosque palmo a palmo porque van desde que son pequeños.

Juan Carlos cubre el gatito con la chaqueta y sigue a su hermano. Enormes trozos de hielo golpean en los árboles y saltan con gran estruendo.

Diez minutos más tarde llegan a una caseta de madera, empapados y muertos de frío.

—Es de los guardabosques –dice Juan Carlos.

—Entremos –propone Alejo.

La puerta está cerrada con un candado. Un trueno resuena en el bosque y un relámpago ilumina el cielo. Se ha hecho de noche. El bosque está cubierto de piedrecitas blancas y parece nieve. El gato llora y llora.

—Pégale una patada a la puerta –le propone Juan Carlos a su hermano.

—¿Tú crees que...?

Fernando ve que la puerta está vieja y en malas condiciones.

—Quitaos –grita Fernando–. Con toda la fuerza de su cuerpo le da un golpe a la puerta. Se escucha un fuerte crujido. Ahora solo la sostiene el candado.

—Eres nuestro héroe –dice riendo Alejo.

Los cuatro chicos entran en la caseta. Está llena de herramientas.

—¡Este gato tiene sed! –repite Alejo.

—¡Y hambre! –comenta Fernando.

—¡Tengo una idea! –sugiere Alejo.

Sale de la caseta, se quita la bufanda y la llena de piedrecitas de hielo. Vuelve a la caseta.

—Pásame la pala –le dice a Fernando.

—No, Ale, está llena de tierra.

—Pues entonces, nada.

Alejo se coloca algunas piedrecitas en la mano y espera a que se derritan con el calor de su cuerpo. Las acerca al gatito que bebe, casi agradecido.

—¡Qué cosquillas que hace la lengua! —dice Alejo riendo.

—Ahora pruebo yo —propone Fernando.

Por turnos, los cuatro hacen derretir granizo para darle de beber al gatito. Acaban con los dedos rojos de frío.

Juan Carlos se mete la mano en el bolsillo y encuentra un paquete de galletas viejas.

—Creo que son del año pasado —comenta.

—Seguro que a él no le importa —le responde Alejo bromeando.

El gato come trozos de galleta y termina el paquete.

Alejo mira el reloj.

—¡Es tardísimo! ¡Mi padre y Oriana nos van a matar!

—Tenemos una buena excusa —concluye Juan Carlos.

Capítulo 5

Cuando regresan a la casa, Ramón y Oriana están discutiendo.

—Para mí hay que comprarles un móvil —dice Oriana.

—Son un poco pequeños, ¿no crees?

—Tienen trece años. ¡Y situaciones como estas se pueden evitar!

—Vamos a esperar otros quince minutos. Si no llegan, llamamos a la policía.

En ese momento oyen la llave que entra en la puerta. Suspiran aliviados al verlos entrar.

—¿Dónde os habéis metido? —grita Ramón.

—Un momento, papá, que tenemos una buena explicación.

Juan Carlos saca el gatito de dentro de la chaqueta y se lo enseña a su madre.

—¿No es guapísimo?

—¡Estáis empapados! —exclama Oriana.

—¡A la ducha! —dice Ramón—. Poneos ropa seca, por favor.

—Rápido —dice Oriana mirando el reloj.

Veinte minutos más tarde están todos en el coche. Los cuatro chicos, interrumpiéndose unos a otros les cuentan a Ramón y a Oriana la aventura del gatito.

—¿Qué pensáis hacer con él? —pregunta Oriana mirando a los gemelos.

Pablo y Juan Carlos se miran entre sí y se dan cuenta de que la posibilidad de tener al gato en su casa es imposible.

—Mi madre es alérgica a los gatos —se apresura a decir Fernando.

—Me lo llevo yo a casa —concluye Alejo.

—¿Tú estás seguro de que tu madre...? —pregunta Ramón.

—Si ella no quiere tenerlo en casa, los abuelos, seguro que sí —responde Alejo.

Cuando llegan a Madrid son más de las ocho. Primero acompañan a Fernando a su casa y luego a Alejo.

—¡Suerte con el gato! Te llamo luego —le dice su padre.

Alejo entra en su casa con el gatito en brazos.

—¡Hijo, qué tarde es! —exclama Elsa.

Su madre se queda paralizada al ver al gato.

—¿Y esto?

—Este es Félix. ¿Puede vivir con nosotros? —pregunta tímidamente Alejo.

—Esta misma tarde le he dicho a tu madre que me gustaría tener un gato —comenta Julián, muy contento.

Elsa le lanza una mirada de odio.

—Mi amor, ahora tenemos terraza —continúa Julián.

—De acuerdo, sois mayoría —dice Elsa, resignada.

–¡Hurra! –gritan Alejo y Julián.

Los dos le dan un beso a Elsa.

–Pero con una condición… –continúa Elsa.

–¿Cuál? –pregunta Alejo.

–El gato tiene que estar en la terraza. Tenemos el trastero y puede dormir allí –anuncia Elsa.

–Vale –responden Julián y Alejo.

–Ah, otra cosa: yo no me ocupo del gato –continúa Elsa.

Durante la cena Alejo les cuenta la aventura del bosque a su madre y a Julián. De repente suena el teléfono. Julián se levanta para responder. Veinte minutos más tarde vuelve a la mesa.

–Tengo una noticia –anuncia Julián.

–¿Sí? –dice Elsa con curiosidad.

–Mis hijas, Ángela y Roberta… –continúa Julián.

–Sí, ¿qué pasa? –pregunta Elsa.

–Quieren venir en diciembre y quedarse con nosotros –dice Julián.

–¿Para siempre? –pregunta Alejo.

–Bueno, en poco más de una hora hemos ampliado la familia. Ya tienes gato y hermanas –comenta Elsa sonriendo a su hijo.

Párate un momento

1. Aquí tienes a todos los personajes que han aparecido hasta ahora. Identifica quién es quién.

Maria-José · Fernando · ³Alejo · ⁴Elsa · ⁵Julián

Lorenzo · Pablo · ⁸Juan-Carlos · ⁹Ramón · ¹⁰Oriana · ¹¹Martin

2. Señala cuál de estas afirmaciones resume mejor lo dicho en el texto.

1. Capítulo 1
- a. Alejo vive con sus padres.
- b. Alejo vive con sus abuelos.
- c. Alejo vive con su madre y Julián.

2. Capítulo 2
- a. La madre de Alejo se llama Oriana.
- b. Alejo y Fernando son amigos y van a la misma escuela.
- c. Ramón, Oriana, Fernando, Alejo y los gemelos van a cenar a una pizzería.

3. Capítulo 3
- a. Alejo celebra su cumpleaños en casa, con su familia.
- b. Los amigos de Alejo van a su casa a celebrar su cumpleaños.
- c. Hay varias niñas en el cumpleaños de Alejo.

4. Capítulo 4
- a. Cuando los chicos encuentran al gatito, hace sol.
- b. Los chicos encuentran al gatito en un parque.
- c. El gatito está abandonado en un bosque.

5. Capítulo 5
- a. Elsa está muy contenta con Félix, el gato.
- b. Elsa acepta al gato pero pone dos condiciones.
- c. Julián no quiere al gato en casa.

3. Alejo encuentra el carné de la biblioteca. ¿Cómo es el tuyo? Rellénalo con tus datos.

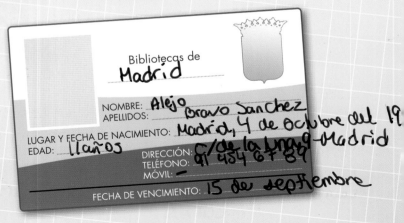

Bibliotecas de
Madrid

NOMBRE: Alejo
APELLIDOS: Bravo Sanchez
LUGAR Y FECHA DE NACIMIENTO: Madrid, 4 de octubre del 19
EDAD: 11 años
DIRECCIÓN: C/ de la unga 9 - Madrid
TELÉFONO: 91 454 67 89
MÓVIL: -
FECHA DE VENCIMIENTO: 15 de septiembre

Capítulo 6

> Querido diario:
> El fin de semana ha sido fenomenal. Los gemelos, Fernando yo hemos encontrado un gatito en el bosque y ahora vive en casa. Fernando ha venido a casa esta tarde y le hemos construido al gato una cama y un cuarto de baño en el trastero de la terraza. Félix come bastante y se está recuperando muy bien. Mañana Julián y yo lo vamos a llevar al veterinario para ponerle las vacunas.
> Martín y Lorenzo también quieren conocer al gato. Y María José, porque le gustan mucho los animales.
> Los gemelos no han podido venir porque han sacado malas notas y están castigados.
> Las hijas de Julián llegan en pocos días. Martín dice que tener hermanas es muy divertido, pero a mí me parece que no. Mi madre y Julián han preparado una habitación para ellas.

En diciembre las gemelas han terminado la escuela y llegan a Madrid un sábado. Julián va a buscarlas al aeropuerto. Elsa y Alejo se quedan en casa. Julián las espera con dos abrigos en la mano porque hace mucho frío en Madrid. En Buenos Aires está por empezar el verano y las chicas traen los abrigos en la maleta.

Hacia la una y media de la tarde entran en Andrés Mellado, 27.

–Hola, ya estamos aquí –grita Julián desde la puerta.

–Roberta, Ángela, esta es Elsa –continúa.

Las gemelas le dan a Elsa un beso en la mejilla. Elsa se queda esperando el segundo.

—Ah, perdón, es que nosotros damos solo un beso —explica Ángela.

—Sos igual que en las fotos —exclama contenta Roberta.

—Pasad, os enseño la habitación —propone Elsa.

Las gemelas son guapísimas y muy rubias. Tienen el pelo largo, recogido en dos trenzas y son idénticas.

"Creo que no voy a saber reconocerlas" piensa Elsa.

Las niñas se instalan: tienen dos maletas cada una y una guitarra.

—¿Estáis cansadas? —les pregunta Elsa.

—No, no —responden.

—¿Y Alejo? —dice Julián.

—Ha ido a casa de Fernando, viene a la hora de comer —contesta Elsa.

—¿Y a qué hora comen? —pregunta Roberta sorprendida.

A las dos y cuarto vuelve Alejo.

—Hijo, te presento a tus nuevas hermanas —dice Elsa.

Alejo no está muy contento de tener a las gemelas en casa, pero le parecen más simpáticas de lo que él mismo quiere reconocer. Por la tarde van a dar un paseo por Madrid. La Plaza Mayor está llena de puestos que venden objetos navideños y toda la ciudad está decorada con luces pequeñas.

A las gemelas les gusta todo lo que ven y no paran de hacer exclamaciones:

—¡Qué divino!¡Qué lindo!¡Qué genial!

Capítulo 7

El domingo por la tarde hay una gran merienda en casa de Alejo. Todos quieren conocer a Roberta y a Ángela.

Alejo invita también a María José. Las chicas se integran muy bien en la conversación, sobre todo con Lorenzo:

—¡No te puedo creer que te gusta la música! —exclama Roberta.

—Nosotras vamos al conservatorio —continúa Ángela.

—Ella estudia guitarra, y yo canto —continúa Roberta.

—¡Chévere! —dice Lorenzo, que piensa en su futuro grupo de rock.

—¿Vais a ir a la escuela? —quiere saber María José.

—Claro —dice Roberta.

—Después de Navidad —añade Ángela.

—¡Qué pena! ¡No voy a poder estar con vosotras! —exclama con tristeza María José. Las gemelas le parecen muy simpáticas.

En la mesa hay de todo: refrescos, bocadillos, pasteles y galletas.

A las siete suena el timbre.

—¿Quién es? —pregunta Ángela.

—Pablo y Juan Carlos. Mis hermanos —responde Alejo.

—Son gemelos —comenta María José.

—¿Gemelos? —preguntan Roberta y Ángela riendo.

Cuando los chicos entran en la casa se quedan paralizados al ver a las chicas. Los cuatro se ponen colorados.

–Hola, ella es Roberta y yo, Ángela.

–Hola, él es Juan Carlos y yo, Pablo.

Los gemelos están muy conversadores esa tarde y no paran de hacerles preguntas a las gemelas. Les cuentan de sus entrenamientos y de sus torneos de tenis.

–Queremos ver a Félix –propone Martín.

–Voy a buscarlo a la terraza. Está muy grande y muy guapo –responde Alejo.

Diez minutos más tarde Alejo vuelve de la terraza y parece desesperado.

–¡No está! –grita–. ¡Félix no está! ¡Ha desaparecido!

–¿Cuándo lo has visto por última vez? –pregunta Fernando.

–Esta mañana. ¡Le he dado la comida! –responde Alejo.

–Calma, chicos –propone Roberta.

–Los gatos son muy independientes –comenta Ángela.

–Seguro que está dando un paseo –dice Lorenzo tratando de calmar a su amigo.

–¿Un paseo? ¿Por dónde? ¡No se puede salir de esta terraza! –responde Alejo muy nervioso.

–Por las cornisas –dice Martín.

Todos se quedan paralizados. Nadie se imagina a Félix, tan pequeñito, caminando por las cornisas.

–¡Qué vértigo! –comenta María José.

–¡Es un gato! –le responde su hermano, burlón.

–¡Vamos a buscarlo, chicos! –propone Ángela.

Elsa entra en la sala y ve a todos con cara de tristeza.

–¿Qué pasa? –pregunta.

–Félix no está en el trastero –responde Alejo.

–Queremos salir a buscarlo –anuncia Juan Carlos.

–Vale, pero con cuidado, que ya es tarde –dice Elsa.

Capítulo 8

Los chicos se ponen sus abrigos, bufandas y gorros y salen a la terraza. Buscan en cada rincón, detrás de todas las plantas. Nada, el gatito no está.

Otro grupo busca en el trastero, debajo del mueble de las herramientas, detrás de la escalera, en las estanterías. Nada, Félix no está. Empiezan a sentirse desanimados y nadie se atreve a mirar hacia la calle.

—Mamá, bajamos un momento —anuncia Alejo desde la puerta.

—De acuerdo, cariño.

Cuando se reúnen en la acera, en la puerta del edificio se organizan por grupos.

—Los gemelos, buscáis por Andrés Mellado.

—Nosotros vamos por la calle Menéndez Valdés.

Es de noche y las calles están bastante oscuras. Los dos grupos miran con atención, en los portales, detrás de los cubos de la basura y preguntan a los vecinos:

—¿Habéis visto un gatito marrón?

Nadie habla pero todos piensan que le ha pasado algo, que se ha caído y que se lo van a encontrar muerto o herido. Para darse ánimos van comentado: ¡Seguro que está aquí! ¡Esta noche regresa! En el fondo nadie lo cree. A las siete y media se encuentran de nuevo todos en la puerta de la casa de Alejo.

—¿Y? ¿Habéis encontrado algo? —pregunta Fernando.

—En el bar dicen que han visto un gato blanco —responde Juan Carlos.

—Nada, no es Félix —dice Alejo, desanimado.

—Hace mucho frío. ¿Por qué no subimos? —propone Roberta.

Los chicos suben a la casa, se quitan los abrigos y se sientan en el salón.

—¿Habéis mirado bien en la terraza? —pregunta Elsa.

—Sí, mamá.

—Normalmente a esta hora tiene hambre, seguro que aparece —dice Elsa antes de marcharse a la cocina.

Capítulo 9

En el salón reina un profundo silencio.

—Yo creo que está con una gata —apunta Pablo mirando de reojo a Ángela.

—Es muy pequeño —dice Fernando.

—En el telediario dicen que va a nevar —anuncia Elsa desde la cocina.

—¡Qué emoción! —comenta Roberta.

Las gemelas han visto nieve solo dos veces porque en Buenos Aires hace frío pero no nieva.

"Una Navidad con nieve, como en los cuentos", piensa Ángela.

Las gemelas salen a la terraza para mirar el cielo. El silencio es total. Antes de nevar parece que el cielo se está preparando y todo se queda inmóvil. No se oyen ni coches ni voces y todos parecen estar protegidos en sus casas. De repente escuchan un tímido maullido.

—¡Ah! —exclaman las dos chicas dando un grito.

—¿Qué pasa? —dice Alejo precipitándose hacia la puerta.

—¡Un maullido! —dice Roberta.

—"Miau" —se escucha en la terraza.

—¡Yo también lo he oído! —grita Alejo.

Los demás chicos salen rápidamente a la terraza. Nada. Silencio.

—¿Están seguros? —quiere saber Martín.

—¡Shh! —dice en voz baja Alejo pidiendo silencio.

—"Miau" —se vuelve a escuchar.

—El maullido viene de ahí —anuncia Roberta con seguridad absoluta señalando el trastero.

—Voy a buscar una linterna. En el trastero no hay luz —dice Alejo.

—Si tienes dos, mejor —dice Lorenzo.

Dos minutos más tarde están todos en la terraza, incluidos Elsa y Julián que han vuelto del cine. Los niños abren la puerta del trastero y lo iluminan con la linterna. Con la luz recorren todo lo que hay, pero nadie ve a Félix.

—Dame la linterna —dice Roberta con autoridad.

—Aquí la tienes —le responde Alejo.

Roberta se agacha para mirar debajo de un mueble.

—Ahí no está —dice Alejo categórico.

Roberta está a cuatro patas, con la linterna en la mano. Debajo del mueble hay cajas apiladas. Roberta empieza a moverlas una a una. De repente la linterna ilumina un par de ojos verdes.

—¡Acá está! ¡Está temblando! —dice dando un grito de alegría.

Roberta extiende la mano para tocarlo, pero Félix se escapa, pasando rapidísimamente delante de todos y entra en la casa.

Al entrar en el salón el gato está muy cómodo, sentado en el sofá.

Todos suspiran aliviados.

—Eres nuestra heroína —dice Juan Carlos mirando a Roberta y guiñándole un ojo.

—Este gato es un poco caprichoso, ¿no? —comenta Elsa.

—No le gusta el trastero y lo entiendo —responde Julián sonriendo.

Los chicos estallan en una carcajada.

—¿Cenáis con nosotros? Hay guiso de pollo —propone Elsa.

—¡Sí! —dicen todos al unísono.

Capítulo 10

Los niños llaman a sus casas y avisan que no van a volver a cenar. Julián promete acompañarlos a todos a sus respectivas casas. Los chicos ayudan a Elsa a poner la mesa: once platos, once vasos, once servilletas y once cubiertos.

—No nos hemos olvidado de nadie, ¿verdad? —pregunta Elsa.

—Falta uno —exclama Alejo señalando a Félix que duerme tranquilamente en un sillón.

Cenan todos juntos a las nueve de la noche.

—Bueno, chicos, vamos —anuncia Julián —. Son las diez y media de la noche y mañana hay escuela.

—¡Uf! —protestan todos.

—¿Puedo ir contigo? —pregunta Alejo.

Julián mira a Elsa que le hace un gesto con la cabeza.

–De acuerdo –responde Julián.

–¡Nosotras también queremos ir! –dice Ángela.

–Perfecto, yo recojo la mesa tranquilamente –comenta Elsa.

Media hora más tarde Julián, Alejo y las gemelas regresan a casa.

–A la cama –dice Elsa.

–Buenas noches –se despiden las gemelas.

Le dan un beso a Elsa, a su padre y a Alejo.

–Tus hijas son un encanto –le dice Elsa a Julián.

Alejo entra en su habitación y se prepara para ir a dormir, pero antes escribe unos pocos renglones en su diario.

Querido diario:

Ha sido un día superdivertido. Han venido mis amigos a casa. Félix se ha perdido y lo hemos encontrado. Hemos cenado todos juntos. La verdad es que tiene razón Martín: ¡tener hermanas no está tan mal!

Alejo cierra el diario, se lava los dientes, se quita las lentillas, se pone el pijama y apaga la luz. Como siempre, se acuesta con las ventanas abiertas. Desde la cama mira hacia afuera y ve que empiezan a caer copos blancos. "¡Está nevando!" piensa y se queda dormido.

Después de leer: comprensión lectora

1. Responde verdadero o falso a las siguientes afirmaciones y corrige las falsas.

F **1.** Alejo y Fernando se conocen en la escuela.
Alejo y Fernando se conocen en un pueblo de la Costa Brava.

☐ **2.** Lorenzo es colombiano.

☐ **3.** Fernando, María José y Alejo viven en el mismo barrio.

☐ **4.** El padre de Alejo es arquitecto.

☐ **5.** Ramón, Oriana y los gemelos viven juntos.

☐ **6.** Martín es argentino.

☐ **7.** Elsa y Julián tienen una casa en la sierra.

☐ **8.** Los gemelos son buenos futbolistas.

☐ **9.** Cuando los chicos encuentran al gatito está nevando.

☐ **10.** El gato, cuando lo encuentran, tiene hambre y sed.

☐ **11.** Los chicos se refugian en una casa.

☐ **12.** Fernando no se queda con el gato porque no le gustan los gatos.

☐ **13.** Las gemelas son peruanas.

14. Las gemelas se entienden muy bien con Lorenzo porque les gusta la música.

....

15. Cuando las gemelas llegan a Madrid, en Buenos Aires hace calor.

....

16. A las gemelas no les gusta Madrid.

....

17. Cuando Félix se pierde, lo encuentran en la calle.

....

18. El gato Félix es de color negro.

....

19. Las gemelas están de vacaciones y no van a ir a la escuela.

....

20. Roberta y Ángela son alumnas del conservatorio.

....

21. Alejo está contento con sus nuevas hermanas.

....

Gramática y vocabulario

1. Une las siguientes descripciones físicas con el personaje correspondiente.

a. es/son delgado/a/os/as
b. es/son rubio/a/os/as
c. lleva/n gafas
d. es/son moreno/a/os/as
e. tiene/n el pelo rizado
f. usa/n trenzas
g. es/son guapo/a/os/as

Alejo

María José

....

Roberta y Ángela

....

Juan Carlos y Pablo

....

2. **Completa las siguientes frases con gusta/gustan y los pronombres le/les.**

a. A Alejo ....mucho leer.

b. A Juan Carlos y Pablo no ....estudiar.

c. A Roberta y Ángela ....la música.

d. A Juan Carlos y Pablo ....el tenis.

e. A todos ....los gatos.

f. A Alejo ....María José.

3. **¿Y tú? ¿Compartes sus gustos? Responde a las afirmaciones del ejercicio anterior con *A mí, también*; *A mí, tampoco*; *A mí, sí*; *A mí, no*.**

a. ....

b. ....

c. ....

d. ....

e. ....

f. ....

4. Conjuga en presente de indicativo los verbos que están entre paréntesis.

a. Este año Alejo .... (comenzar) la ESO.

b. Lorenzo .... (querer) formar un grupo de rock.

c. Martín .... (tener) varias hermanas.

d. Alejo le .... (pedir) permiso a su madre para tener a Félix en casa.

e. María José .... (ir) a la fiesta de cumpleaños de Alejo.

f. Cuando encuentran al gatos, todos .... (cenar) en casa de Alejo.

g. Alejo .... (preferir) jugar al fútbol con lentillas.

h. En el bosque Alejo .... (llevar) bufanda.

5. Aquí tienes algunas palabras que han aparecido en la lectura. Resuelve el crucigrama.

Horizontales

1. Sinónimo de teléfono celular.
2. Algo que se lleva cuando no se ve bien y que no son gafas.
3. Cuando hace mucho frío, el agua puede caer en forma sólida.
4. Parte de la casa que sirve para guardar cosas viejas.

Verticales

1. Espacio verde en una ciudad.
2. Estación del año en la que hace calor.
3. Sonido que hacen los gatos.

ACTIVIDADES

Expresión escrita

1. Vuelve a leer el fragmento del diario de Alejo en el capítulo 3. Ahora escribe tu propio diario: habla de tus profesores y de tus compañeros.

Querido diario:

2. Tu mejor amigo/a. Cuenta cómo es, descríbelo físicamente, su carácter y di cómo es su familia. Dibújale aquí al lado.

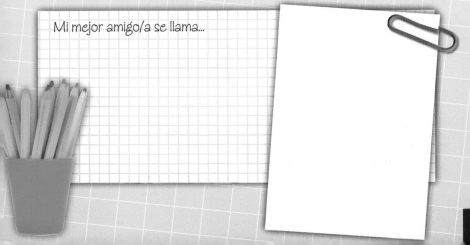

Mi mejor amigo/a se llama...

1. ¿Qué puntos de coincidencia o de diferencia hay entre la vida de Alejo y su pandilla y la tuya? Enuméralos y cuéntaselos a tus compañeros.

> 1. Alejo y Fernando se conocen en un pueblo de la Costa Brava.

2. Piensa en los personajes de Alejo y su pandilla. ¿Con quién te identificas más y por qué? ¿Y tu compañero?

> Nombre del personaje:
> Cosas en común:

3. ¿Has rescatado alguna vez a algún animal en peligro? ¿Cómo fue? ¿Qué hiciste?

4. ¿Tienes alguna mascota? ¿Cómo se llama? ¿Cómo es? Descríbela.

Acá	En España se dice "aquí". Acá es una forma más antigua y se conserva en América.
Agacharse	"Agacharse" quiere decir "inclinar el cuerpo" o "doblar las rodillas".
Andar	"Andar" quiere decir "caminar".
Asignatura	Cada una de las materias de estudio: Matemáticas, Lengua, Ciencias Sociales, etc.
Atasco	Significa "embotellamientos de tráfico".
Atender el teléfono	En España se dice "Coger el teléfono".
Beso	En España la gente se saluda con dos besos, pero en Argentina, con uno.
Bufanda	Prenda de lana que se usa en invierno y sirve para protegerse el cuello del frío.
Caducar	Que se termina el tiempo de validez de un documento.
Candado	Cerradura de metal que funciona con llave o con combinación. Se usa también para atar las bicicletas.
Chau	Forma coloquial de despedirse. En España se dice "chao".
Chévere	Expresión de satisfacción que se usa en Colombia y en otros países.
Chulo	Expresión coloquial que quiere decir "bonito".
Cornisa	Las cornisas están en la parte superior de un edificio y se extienden hacia afuera.
Cosquillas	Sensación que nos producen cuando nos rozan la piel suavemente y que nos hace reír sin querer.
Crujido	Ruido que hace normalmente la madera.
Empapado/a	"Empapado" quiere decir "muy mojado", "con la ropa muy húmeda".
Escuela	En Argentina la escuela empieza en marzo y termina en diciembre.
ESO	Educación Secundaria Obligatoria. De los 12 a los 16 años.
Están	En todos los países de América y en algunas zonas de España no se usa el "vosotros", sino el "ustedes".
Félix	El gato Félix es un personaje muy popular de dibujos animados del cine mudo.
Galleta	Se comen para el desayuno o la merienda. Pueden ser dulces o saladas.
Gemido	Sonido que expresa dolor o sufrimiento.
Genial	Son tres expresiones de satisfacción muy usadas en Argentina.
Granizo	Piedrecitas de hielo que caen del cielo durante una tormenta.
Herramienta	Instrumento que se usa para trabajar. En este caso en el bosque.

Hora de comer	En Argentina se almuerza entre las 13 y las 13.30. En España, entre las 14 y las 14.30.
Hurra	Exclamación que se usa para indicar alegría.
Insti	Forma coloquial de "instituto".
Instituto	El instituto es el lugar donde se estudia la ESO.
Jugás	En Argentina y en muchos otros países se usa el pronombre "vos" en lugar del "tú". Los verbos en presente cambian un poco.
Majo/a	Expresión coloquial que quiere decir "simpático".
Maullido	Ruido que hacen los gatos.
Mirar de reojo	Mirar sin que se note, dirigiendo la mirada hacia un lado.
Mochila	Saco o bolsa que se lleva en la espalda.
Móvil	Teléfono celular.
Ordenador	En otros países se dice "computador" o "computadora".
Palmo a palmo	Significa conocer algo perfectamente.
Pandilla	Grupo de amigos.
Parque del Oeste	Es uno de los espacios verdes más importantes de Madrid.
Patada	Golpe que se da con el pie.
Pintor	Pintor es quien pinta paredes, pero también pintor de cuadros (artista).
Ponerse colorado	"Ponerse colorado" o "ponerse rojo": pasa cuando se siente vergüenza.
Profe	Forma coloquial para dirigirse al profesor o profesora.
Pueblo	Localidad pequeña.
Quemar	Acción del fuego.
Queso cabrales	Es un queso fuerte, parecido al gorgonzola o al roquefort.
Relámpago	Luz que se ve en el cielo durante una tormenta.
Renglón	Líneas de un texto.
Sidra	Bebida alcohólica que se hace con manzanas.
Sierra	Montaña o grupo de montañas.
Sos	"Sos" es la 2.ª persona del verbo ser que se usa con el pronombre "vos". Tú eres, vos sos.
Superdivertido	Muy divertido.
Tebeo	Esta palabra solo se usa en España. Quiere decir "cómic".
Trastero	Habitación que sirve para guardar cosas viejas o que se usan poco.
Trueno	Sonido que se produce durante una tormenta.
Vértigo	Sensación de miedo que produce la altura.

Antes de empezar a leer

1. 1a. Madrid (España); 2b. Buenos Aires (Argentina).
2. 1b; 2c; 3b; 4a; 5c.
3. 1. ir a la escuela; 2. jugar al tenis; 3. estudiar mucho; 4. vivir en Madrid; 5. ser alto; 6. llamar por teléfono.
4.

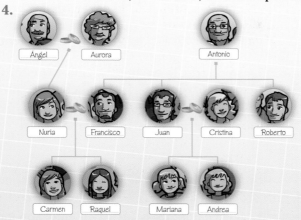

5. a. F; b. F; c. V; d. V; e. F.
6.

T	A	L	S	V	X	B	M	P	E	I	S
R	T	A	C	N	B	Z	O	Í	O	Q	U
S	P	A	Ñ	L	A	E	T	D	R	G	H
B	E	O	U	A	R	E	R	Y	T	O	L
C	I	N	S	T	C	O	C	H	E	D	X
R	M	A	S	R	O	M	O	P	M	J	L
Q	U	I	S	E	U	B	C	M	X	C	L
A	V	I	Ó	N	U	T	Ú	O	P	Y	C
A	S	D	E	T	A	I	B	S	I	P	V
N	C	X	R	I	D	F	G	E	L	I	X

Párate un momento

1. 1. María José; 2. Fernando; 3. Alejo; 4. Elsa; 5. Julián; 6. Lorenzo; 7. Juan Carlos; 8. Pablo; 9. Ramón; 10. Oriana; 11. Martín.
2. Capítulo 1: c; Capítulo 2: b; Capítulo 3: b; Capítulo 4: c; Capítulo 5: b.

1. 2- V; 3- V; 4- F (El padre de Alejo es periodista y escritor); 5- V; 6- V; 7- F (Oriana y Ramón tienen una casa en la sierra); 8- F (Los gemelos son buenos tenistas); 9- F (Cuando los chicos encuentran al gatito está lloviendo y granizando); 10- V; 11- F (Los chicos se refugian en la caseta de los guardabosques); 12- F (Fernando no se queda con el gato porque su madre es alérgica); 13- F (Las gemelas son argentinas); 14- V; 15- V; 16- F (A las gemelas les encanta Madrid); 17- F (Cuando Félix se pierde, lo encuentran en el trastero); 18- F (El gato Félix es marrón); 19- F (Las gemelas van a vivir a Madrid y van a ir a la escuela); 20- V; 21- V.

Gramática y vocabulario

1. Alejo: es delgado – lleva gafas; Juan Carlos y Pablo: son morenos- tienen el pelo rizado; Roberta y Ángela: son rubias – usan trenzas – son guapas; María José: es guapa.

2. a. A Alejo le gusta mucho leer; b. A Juan Carlos y Pablo no les gusta estudiar; c. A Roberta y Ángela les gusta la música; d. A Juan Carlos y Pablo les gusta el tenis; e. A todos les gustan los gatos; f. A Alejo le gusta María José.

4. a. comienza; b. quiere; c. tiene; d. pide; e. va; f. cenan; g. prefiere; h. lleva.

5.

España

España es un país miembro de la Unión Europea, y su forma de gobierno es la monarquía parlamentaria. Con una extensión de 504 645 km² y una población de aproximadamente 46 millones de habitantes, España ocupa la mayor parte de la Península Ibérica, los archipiélagos de las islas Baleares, en el mar Mediterráneo occidental, las islas Canarias, en el océano Atlántico nororiental, así como las ciudades autónomas de Ceuta y Melilla, en el norte del continente africano.

De acuerdo con la Constitución Española, el castellano o español es la lengua oficial del Estado y es la lengua común de todos los españoles. Otras lenguas son reconocidas como cooficiales en sus respectivas comunidades autónomas conforme a sus Estatutos de autonomía: en Cataluña y Baleares se habla catalán, en Valencia, valenciano, en Galicia, gallego y en el País Vasco y parte de Navarra, euskera o vasco.

Juan Carlos I, rey de España

Isla de Menorca

España es el segundo país del mundo que recibe más turistas extranjeros. Los destinos de costa y playa son los más populares: la costa Brava en Cataluña, las islas Baleares y las islas Canarias reciben millones de visitantes a lo largo del año. También comienza a ser muy importante el turismo rural y el turismo cultural.

Los Sanfermines

España es un país rico en fiestas, muchas de ellas conocidas internacionalmente como los Sanfermines en Pamplona o las Fallas de Valencia. Hay otras manifestaciones culturales tradicionales que también han traspasado fronteras como el cante y baile flamencos o las corridas de toros.

El cine, el arte, la moda, la gastronomía, la ciencia y, en general, la cultura contemporánea española y sus representantes están muy presentes en el panorama mundial. Gozan de prestigio internacional figuras como Pedro Almodóvar, Miquel Barceló, Ferrá Adriá, Isabel Coixet, Custo Dalmau, Pedro Duque…

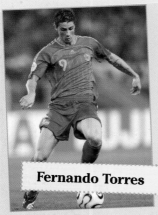

Fernando Torres

El deporte rey en España es el fútbol. También son muy populares el baloncesto, el ciclismo, el tenis, el balonmano y los deportes de motor. Hoy en día, España es una potencia mundial en el ámbito deportivo, sobre todo desde los Juegos Olímpicos de 1992 en la ciudad de Barcelona, que promocionó gran variedad de deportes en el país. Rafa Nadal, Fernando Alonso, Pau y Marc Gasol, Gemma Mengual, la selección nacional de fútbol… son, en la actualidad, figuras deportivas internacionales de primer orden.

La gran mayoría de jóvenes españoles dice sentirse muy satisfecho con su vida. Con respecto a su futuro, se muestran optimistas. Casi la totalidad de los jóvenes está muy satisfecha con su familia, especialmente por la libertad que tienen en casa.

Como valores prioritarios, la gran mayoría de los jóvenes destaca la salud y las relaciones afectivas con la familia y los amigos y, desde el punto de vista social, creen que merece la pena luchar por la solidaridad y la justicia social. En cambio, dan muy poca importancia a la política y a la religión.

Madrid

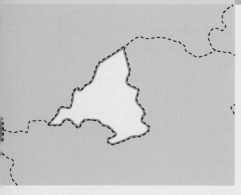

Madrid es la capital de España y la ciudad más grande, con una población de seis millones de habitantes, lo que la convierte en la tercera área urbana más poblada de la Unión Europea.

Madrid es un importante centro financiero e industrial y un centro cultural tanto a nivel nacional como internacional. Cuenta con museos de referencia como los que se encuentran en el llamado "Triángulo del arte": el Museo del Prado, el Thyssen-Bornemisza y el Museo Reina Sofía.

Plaza de Cibeles

Madrid es una de las ciudades europeas con mayor proporción de zonas verdes por habitante. Los Jardines del Retiro son uno de los lugares más significativos de Madrid, situados en pleno centro de la ciudad, y con 118 hectáreas. Dentro se pueden encontrar muchos monumentos y lugares de interés, como son el Palacio de Cristal, la Puerta de España, la Rosaleda, el estanque y gran cantidad de fuentes.

Museo Reina Sofía

El estanque del Retiro

El Rastro

El centro neurálgico de Madrid es la Puerta del Sol, punto de partida de la numeración de todas las carreteras del país. En el centro se pueden encontrar muchos comercios y tiendas de ropa así como cines, teatros y locales de ocio. Es muy típico visitar los domingos El Rastro, mercado al aire libre donde se puede encontrar de todo.

Madrid es particularmente conocida por su vida nocturna. En el centro, hay zonas en donde se pueden encontrar numerosos locales de diversión: la plaza de Santa Ana, y los barrios de Malasaña, alrededor de la plaza Dos de Mayo, La Latina, Lavapiés y Chueca. En verano, es muy normal encontrar terrazas en la calle hasta altas horas de la madrugada.

En los alrededores de Madrid se pueden encontrar lugares importantes de interés turístico como el Monasterio de El Escorial, la Sierra de Guadarrama, Alcalá de Henares o Aranjuez.

El Escorial

Santiago Bernabéu

El deporte estrella en Madrid, así como en el resto de España, es el fútbol, representado por los clubes del Real Madrid y el Atlético de Madrid. El estadio del Real Madrid es el Estadio Santiago Bernabéu, con una capacidad de 80 354 espectadores. Es uno de los clubes de fútbol con más seguidores del planeta, y uno de los más laureados: 31 campeonatos de liga, 17 copas del Rey y 8 supercopas, 9 UEFA Champions League, 2 copas de la UEFA, 1 supercopa europea y 3 copas Intercontinentales.